JUGO PARA PRINCIPIANTES

INCLUYE 100 RECETAS SABROSAS PARA MEJORAR SU SALUD, MENTE Y CUERPO

EMIDIO INTERIANO

Reservados todos los derechos.

Descargo de responsabilidad

La información contenida en este libro electrónico está destinada a servir como una colección completa de estrategias sobre las que el autor de este libro electrónico ha investigado. Los resúmenes, estrategias, consejos y trucos son solo recomendaciones del autor, y leer este libro electrónico no garantiza que los resultados de uno reflejen exactamente los resultados del autor. El autor del eBook ha realizado todos los esfuerzos razonables para proporcionar información actualizada y precisa a los lectores del eBook. El autor y sus asociados no se hacen responsables de cualquier error u omisión no intencional que pueda encontrarse. El material del eBook puede incluir información de terceros. Los materiales de terceros se componen de opiniones expresadas por sus propietarios. Como tal, el autor del libro electrónico no asume responsabilidad alguna por ningún material u opiniones de terceros.

El libro electrónico tiene derechos de autor © 2021 con todos los derechos reservados. Es ilegal redistribuir, copiar o crear trabajos derivados de este libro electrónico en su totalidad o en parte. Ninguna parte de este informe puede ser reproducida o retransmitida de ninguna forma sin el permiso expreso y firmado por escrito del autor.

TABLA DE CONTENIDO

TABLA DE CONTENIDO 4

INTRODUCCIÓN 8

JUGOS PARA PRINCIPIANTES........................11

1. JUGO DE DIOSA VERDE....................................12
2. JUGO DE JENGIBRE ZINGER.............................14
3. JUGO DE COL RIZADA TROPICAL......................16
4. JUGO DE REFUERZO INMUNOLÓGICO 18
5. JUGO KICKSTART DE COL RIZADA 20
6. JUGO ENFRIADOR DE PEPINO 22

JUGOS PARA BAJAR DE PESO...........................24

7. JUGO DE GRANADA 25
8. JUGO DE SANDÍA 27
9. JUGO DE UVA..29
10. JUGO DE ZANAHORIA 31
11. JUGO DE REPOLLO 33
12. JUGO DE PEPINO 35
13. MEZCLA DE JUGO DE FRUTAS Y VERDURAS VERDES.......37
14. MEZCLA DE JUGO DE RAÍCES, HOJAS Y FRUTAS.............40
15. MEZCLA DE JUGOS TROPICALES.....................43
16. MEZCLA DE JUGOS DULCES Y PICANTES 46
17. MEZCLA DE JUGO DE NARANJA DESINTOXICANTE 49
18. MEZCLA DE JUGO REFRESCANTE....................52
19. MEZCLA DE JUGO DE LIMONADA BLITZ....................55
20. MEZCLA DE JUGO DE GLORIA DE LA MAÑANA 58
21. MEZCLA DE JUGO AL ROJO VIVO.............................60
22. MEZCLA DE ARÁNDANOS Y CÍTRICOS........................63
23. JUGO DE SANDÍA Y NARANJA 65

24. ESPECIAL DE REMOLACHA DE BAYAS 67

25. APERITIVO DESCARADO 69

26. BATIDO DE OBJETIVO DE PESO 71

27. PONCHE DE MANZANA Y SANDÍA........................... 73

28. BATIDO DULCE.. 75

29. SÚPER CÓCTEL PARA ADELGAZAR 77

30. SIENTE EL QUEMADOR DE GRASA BURN 79

31. DESTRUCTOR DE CELULITIS............................... 81

32. DELICIA DE TORONJA Y BERRO 83

33. JUGO DE PÉRDIDA DE PESO TROPICAL....................... 85

34. ZUMO DE FRAMBUESA Y MANZANA..................... 87

35. JUGO DE JÍCAMA 89

36. BONANZA NARANJA.................................. 91

37. REFRESCANTE DE MENTA.................................. 93

JUGOS PARA EL SISTEMA INMUNE 95

38. JUGOS CÍTRICOS.................................... 96

39. JUGO DE TOMATE.................................. 99

40. MEZCLA DE JUGO ABC................................. 101

41. MEZCLA DE JUGO DE SOL.......................... 104

JUGOS PARA UNA MEJOR DIGESTIÓN.......... 106

42. JUGO DE LIMON 107

43. JUGO DE CIRUELA 110

44. MEZCLA DE JUGO ANTIOXIDANTE 112

45. MEZCLA DE JUGO VERDE GO 115

JUGOS PARA LA REGULACIÓN HORMONAL . 117

46. VERDURA CRUCÍFERA............................... 118

47. JUGO DE CEREZA AGRIA 120

48. MEZCLA DE JUGO DE COLOR NARANJA 123

JUGOS PARA LA DESINTOXICACIÓN........... 126

49. JUGO DE MANZANA 127

50.	MEZCLA DE JUGO DESINTOXICANTE	130
51.	MEZCLA DE JUGO DE JENGIBRE Y VEGETALES ZINGER	133
52.	EL ESPECIAL DE DESINTOXICACIÓN	136
53.	BORSCHT EN UN VASO	138
54.	VERDES GLAMOROSOS	140
55.	PODER DE GRANADA	142
56.	LIMPIADOR CORPORAL POTENCIADOR	144
57.	HOMBRE DE ACERO	146
58.	DESINTOXICACIÓN CORPORAL TOTAL	148
59.	LIMPIEZA DE ZANAHORIA	150
60.	CÓCTEL DE ALCACHOFA Y CILANTRO	152
61.	C-AGUA DE DESINTOXICACIÓN	154
62.	LIMPIEZA DE PAPAYA Y FRESA	156
63.	CÓCTEL DE MANZANA Y PEPINO	158
64.	BATIDO DE AGUACATE	160
65.	LIMPIADOR DE MELÓN Y MENTA	162
66.	MAGIA DE ARÁNDANOS	164
67.	LIMPIEZA DE COL RIZADA	166
68.	YAMTÁSTICO	168
69.	EL CRISOL	170
70.	SIDRA DE CANELA	172
71.	LIMPIEZA DE VEGETALES DE RAÍZ	174
72.	TE DE MANGO	176
73.	BEBE TUS VERDURAS	178
74.	EL DESINTOXICANTE	180
75.	LA VISIÓN	182
76.	ZANAHORIA DULCE	184

JUGOS PARA RETRASAR EL ENVEJECIMIENTO 186

77.	JUGO DE UVA ROJA	187
78.	JUGO DE PEPINO	189
79.	MEZCLA DE JUGO JOVEN Y FRESCO	191
80.	MEZCLA DE JUGO ROSADO JUVENIL	193

JUGOS PARA UN CUERPO SALUDABLE 196

81. EXPLOSIÓN DE ARÁNDANOS 197
82. JUGO DE NARANJA Y FRESA 199
83. JUGO DE NARANJA Y PLÁTANO 201
84. PEPINO PICANTE 203
85. MÁQUINA DE FRIJOL 205
86. GOLPE DE PODER 207
87. SÚPER JUGO DE VEGETALES 209
88. EL MAESTRO DE LA REMOLACHA 211
89. ARÁNDANO MANZANA 213
90. EL ENERGIZANTE 215
91. JUEGO DE LECHUGA 217
92. LO MEJOR DE AMBOS MUNDOS 219
93. PLACER SIMPLE 221
94. ROJO, BLANCO Y NEGRO 223
95. CÓCTEL DE PIÑA APIO 225
96. PONCHE DE MELÓN DE PEPINO 227
97. MEDICINA MAGICA 229
98. NOCHE EN EL TÓNICO DE LA CIUDAD....................... 231
99. JUGO DE ARÁNDANO 234
100. JUGO DE GRANADA.. 236

CONCLUSIÓN 239

INTRODUCCIÓN

¿Con qué frecuencia bebe jugo?

No me refiero a las variedades en caja, embotellada o procesada, sino a vasos de jugo elaborados con ingredientes frescos, integrales y saludables. Si le encanta beber jugo, este libro electrónico seguramente le resultará útil, ya que se trata de cómo puede aprovechar al máximo esta bebida refrescante. Si no bebe jugo o no hace su propio jugo en casa, ahora es el momento de comenzar.

En estos días, la comida se ha vuelto tan variada y abundante que muchas personas terminan comiendo en exceso con frecuencia. Productos cárnicos procesados, pasteles con alto contenido de azúcar, comida chatarra, comidas rápidas y más. A medida que sigue comiendo este tipo de alimentos, puede notar que aumenta de peso y desarrolla una serie de problemas de salud preocupantes. Debido a esto, buscaría formas de desintoxicar y 'restablecer' su cuerpo para mejorar su salud.

Si estás leyendo este eBook, significa que te has dado cuenta de que es hora de que comiences a cambiar tus hábitos. ¡Esto es genial! Ahora, el siguiente paso es determinar cómo puede iniciar el camino hacia un cuerpo más saludable.

Para esto, los jugos podrían ser la clave para desbloquear una vida más saludable.

Si bien los jugos pueden parecer simples y fáciles, hay más de lo que la mayoría de la gente piensa. Por un lado, los jugos vienen con un montón de beneficios para la salud que seguramente le interesarán. Aquí hay algunos ejemplos:

A. Jugo le ayuda a aumentar su consumo de frutas y verduras por día.

B. Jugo le permite consumir una gran cantidad de nutrientes que su cuerpo absorberá fácilmente.

C. Los jugos ofrecen efectos desintoxicantes para hacerte más saludable.

D. Jugo promueve la pérdida de peso.

E. Jugo le da más energía.

F. Hacer jugo es simple, fácil y ofrece mucha variedad.

G. Los jugos también son adecuados para adultos y niños, aunque los métodos de jugo pueden variar según la edad.

H. Jugo le da un impulso a su sistema inmunológico.

JUGOS PARA PRINCIPIANTES

1. Jugo de Diosa Verde

Ingredientes
- 3 tallos de apio
- 1/2 pepino grande, cortado en cuartos
- 1 manzana verde mediana, cortada en octavos
- 1 pera mediana, cortada en octavos

a) Exprima todos los ingredientes siguiendo las instrucciones para exprimido normal en el manual de su exprimidor.

b) Beba inmediatamente, o deje enfriar durante una hora y luego disfrute.

2. Jugo de Jengibre Zinger

Ingredientes

- 2 manzanas medianas, cortadas en octavos
- 5 zanahorias (no hace falta pelarlas)
- jengibre fresco de 1/2 pulgada
- 1/4 de limón

a) Exprima todos los ingredientes siguiendo las instrucciones para exprimido normal en el manual de su exprimidor.

b) Beba inmediatamente, o deje enfriar durante una hora y luego disfrute.

3. Jugo de col rizada tropical

Ingredientes

- 1/4 de piña fresca, sin piel ni corazón, y cortada en tiras de 1"
- 4 hojas de col rizada
- 1 plátano maduro, pelado
- Para jugo de explosión antioxidante:
- 2 remolachas medianas, cortadas en cuartos y las hojas verdes
- 1 taza de arándanos
- 1 taza de fresas cortadas a la mitad y sin cáscara

c) Exprima todos los ingredientes siguiendo las instrucciones para exprimido normal en el manual de su exprimidor.

d) Beba inmediatamente, o deje enfriar durante una hora y luego disfrute.

4. Jugo de refuerzo inmunológico

Ingredientes

- 2 naranjas, en cuartos
- 1/4 de limón (quitar la cáscara para que quede menos amargo)
- 1 manzana mediana, cortada en octavos
- 1/2" jengibre fresco

a) Exprima todos los ingredientes siguiendo las instrucciones para exprimido normal en el manual de su exprimidor.

b) Beba inmediatamente, o deje enfriar durante una hora y luego disfrute.

5. Jugo Kickstart de col rizada

Ingredientes

- 1 naranja, en cuartos
- 1 taza de fresas partidas a la mitad y sin cáscara
- 2 hojas de col rizada
- 3 zanahorias
- 1 plátano maduro

a) Exprima todos los ingredientes siguiendo las instrucciones para exprimido normal en el manual de su exprimidor.

b) Beba inmediatamente, o deje enfriar durante una hora y luego disfrute.

6. Jugo enfriador de pepino

Ingredientes

- 1/4 melón maduro, sin semillas, cortado en trozos (no es necesario pelar)
- 2 tallos de apio
- 1/2 pepino, cortado en rodajas
- 1/4 de limón (quitar la cáscara para reducir el amargor)

a) Exprima todos los ingredientes siguiendo las instrucciones para exprimido normal en el manual de su exprimidor.

b) Beba inmediatamente, o deje enfriar durante una hora y luego disfrute.

JUGOS PARA BAJAR DE PESO

7. Jugo de granada

Direcciones

a) Corta una granada fresca por la mitad, transversalmente.

b) Levanta el mango de tu exprimidor y coloca la mitad de la granada sobre él con la parte carnosa hacia abajo.

c) Presione hacia abajo con una presión moderada y observe cómo sale jugo fresco de la fruta. Continúa presionando hasta que sientas que has extraído todo el jugo de la fruta.

d) Siga exprimiendo mitades de granada hasta que tenga suficiente jugo para un vaso.

e) Si quieres jugo puro sin semillas, puedes pasarlo primero por un colador.

f) Si la fruta de granada que ha exprimido no es lo suficientemente dulce, puede agregar un edulcorante natural a su jugo. Pero si su objetivo principal es perder peso, es posible que deba entrenarse para disfrutar de jugos de frutas frescas sin agregar azúcar.

8. Jugo de sandía

Direcciones

a) Corta la sandía por la mitad y continúa cortando la fruta en cubos.

b) Retire las semillas de la pulpa. Puede dejar las semillas blancas y tiernas si no le importa un poco de textura en su jugo.

c) Coloque los cubos de sandía en su exprimidor y luego presione hacia abajo para que fluya el jugo fresco. Continúe exprimiendo cubos de sandía hasta que tenga suficiente para un vaso.

9. Jugo de uva

Direcciones

a) Enjuague bien la toronja con agua tibia.

b) Cortar la toronja por la mitad, transversalmente.

c) Coloque una mitad de toronja en su exprimidor con el lado carnoso hacia abajo.

d) Presiona el exprimidor hasta que comience a fluir jugo fresco y rosado.

e) Repita estos pasos hasta que llene un vaso entero con jugo fresco.

f) Al beber jugo de toronja, aumentará su ingesta de vitamina C. Este jugo también contiene fibra dietética, magnesio y potasio.

g) Combine esto con una dieta saludable y balanceada y ejercicio regular, y seguramente comenzará a deshacerse de esos kilos de más obstinados.

10. Jugo de zanahoria

Direcciones

a) Picar las zanahorias para hacerlas más fáciles de hacer jugo. Pero si tiene un exprimidor potente, puede omitir este paso.

b) Coloque los trozos de zanahoria en su exprimidor y luego presione hacia abajo hasta que comience a fluir el jugo fresco. Siga haciendo esto hasta que haya obtenido un vaso de jugo de zanahoria fresco.

c) Aunque lo mejor es disfrutar del jugo de zanahoria en el desayuno, también puedes beberlo en cualquier momento.

d) Las zanahorias también contienen antioxidantes, que pueden ayudar a estimular su sistema inmunológico. Este es un beneficio importante si está tratando de perder peso.

11. jugo de repollo

Direcciones

a) Elija una cabeza de repollo que esté firme y tenga hojas crujientes. Este tipo de repollo producirá más jugo en comparación con las cabezas de repollo con hojas blandas y amarillentas.

b) Enjuague el repollo con agua corriente fría.

c) Corte la cabeza de repollo en bloques que encajen en el conducto de alimentación de su exprimidor.

d) Coloque los bloques de repollo en su exprimidor y luego presione hacia abajo hasta que comience a fluir jugo fresco.

e) Siga agregando bloques de repollo hasta que tenga suficiente jugo para llenar un vaso.

12. Jugo de pepino

Direcciones

a) Corta los extremos del pepino.

b) Puede pelarlo o no antes de exprimirlo. De cualquier manera, asegúrese de enjuagar el pepino antes de comenzar a cortarlo.

c) Corta el pepino en trozos que quepan en el conducto de alimentación de tu exprimidor.

d) Agregue trozos de pepino en su exprimidor y presione hacia abajo hasta que comience a fluir jugo fresco.

13. Mezcla de jugo de frutas y verduras verdes

Tamaño de la porción: 1 porción

Ingredientes

- $\frac{1}{2}$ limón
- 1 pepino
- 1 pieza de jengibre (fresco)
- 2 manzanas verdes
- 3 tallos de apio (quitar las hojas)
- una ramita de menta

Direcciones

a) Lave todas las frutas y verduras y luego use una toalla de papel para secarlas.

b) Pelar el jengibre, las manzanas, el pepino y el limón.

c) Corte todos los ingredientes en trozos que quepan en el conducto de alimentación de su exprimidor.

d) Coloque los trozos de frutas y verduras en su exprimidor. Presione el exprimidor hasta que comience a fluir jugo fresco. Exprimir los ingredientes dependerá del tipo de exprimidor que tengas.

e) Cuando tenga suficiente jugo para llenar un vaso, agregue la ramita de menta y disfrute.

14. Mezcla de jugo de raíces, hojas y frutas

Tamaño de la porción: 1 porción

Ingredientes

- $\frac{1}{4}$ de piña

- $\frac{1}{2}$ limón

- 1 remolacha mediana

- 1 naranja

- 2 hojas de col roja

- 3 zanahorias medianas

- un puñado de espinacas

Direcciones:

a) Lave todas las frutas y verduras y luego use una toalla de papel para secarlas.

b) Pelar la piña, el limón, la remolacha, las zanahorias y la naranja.

c) Corte todos los ingredientes en trozos que quepan en el conducto de alimentación de su exprimidor.

d) Coloque los trozos de frutas y verduras en su exprimidor. Presione el exprimidor hasta que comience a fluir jugo fresco. Exprimir los ingredientes dependerá del tipo de exprimidor que tengas.

e) Cuando tenga suficiente jugo para llenar un vaso, ¡bébalo!

15. Mezcla de jugos tropicales

Tamaño de la porción: 1 porción

Ingredientes

- $\frac{1}{2}$ taza de trozos de piña
- 1 manzana grande
- 2 zanahorias grandes
- 2 piezas de jengibre (fresco)

Direcciones:

a) Lave todas las frutas y verduras y luego use una toalla de papel para secarlas.

b) Pelar la manzana, las zanahorias y el jengibre.

c) Corte todos los ingredientes (excepto la piña) en trozos que quepan en el conducto de alimentación de su exprimidor.

d) Coloque los trozos de frutas y verduras en su exprimidor. Presione el exprimidor hasta que comience a fluir jugo fresco. Exprimir los ingredientes dependerá del tipo de exprimidor que tengas.

e) Cuando tenga suficiente jugo para llenar un vaso, podrá disfrutar de su mezcla de jugo tropical.

16. Mezcla de jugos dulces y picantes

Tamaño de la porción: 1 porción

Ingredientes:

- 1 taza de espinacas
- 1 pepino
- 1 lima
- 1 pieza de jengibre (fresco)
- 2 tallos de apio (quitar las hojas)
- 3 manzanas medianas

Direcciones:

a) Lave todas las frutas y verduras y luego use una toalla de papel para secarlas.

b) Pelar el pepino, la lima, el jengibre y las manzanas.

c) Corte todos los ingredientes en trozos que quepan en el conducto de alimentación de su exprimidor.

d) Coloque los trozos de frutas y verduras en su exprimidor. Presione el exprimidor hasta que comience a fluir jugo fresco. Exprimir los ingredientes dependerá del tipo de exprimidor que tengas.

e) Cuando tenga suficiente jugo para llenar un vaso, disfrute de esta mezcla de jugos para calmar su barriga y sentirse mejor.

17. Mezcla de jugo de naranja desintoxicante

Tamaño de la porción: 2 porciones

Ingredientes

- 1 naranja
- 1 camote (alrededor de 5 pulgadas de largo, cocido o crudo)
- 2 manzanas medianas
- 2 peras medianas
- 3 tallos de apio (quitar las hojas)

Direcciones:

a) Si planeas cocinar la batata, haz esto primero.

b) Lave todas las frutas y verduras y luego use una toalla de papel para secarlas.

c) Pele la naranja, la batata, las manzanas y las peras.

d) Corte todos los ingredientes en trozos que quepan en el conducto de alimentación de su exprimidor.

e) Coloque los trozos de frutas y verduras en su exprimidor. Presione el exprimidor hasta que comience a fluir jugo fresco. Exprimir los ingredientes dependerá del tipo de exprimidor que tengas.

f) Cuando tenga suficiente jugo para llenar un vaso, disfrute de esta dulce y abundante mezcla de jugo.

18.   Mezcla de jugo refrescante

Tamaño de la porción: 1 porción

Ingredientes

- ½ pepino

- ½ pieza de jengibre (fresco)

- 1 limón

- 1 naranja

- 3 tallos de apio (quitar las hojas)

- 3 manzanas medianas

- 4 hojas de col rizada

Direcciones:

a) Lave todas las frutas y verduras y luego use una toalla de papel para secarlas.

b) Pelar el pepino, el jengibre, el limón, la naranja y las manzanas.

c) Corte todos los ingredientes en trozos que quepan en el conducto de alimentación de su exprimidor.

d) Coloque los trozos de frutas y verduras en su exprimidor. Presione el exprimidor hasta que comience a fluir jugo fresco. Exprimir los ingredientes dependerá del tipo de exprimidor que tengas.

e) Cuando tenga suficiente jugo para llenar un vaso, disfrute de esta refrescante y saludable mezcla de jugos.

19. Mezcla de jugo de limonada Blitz

Tamaño de la porción: 1 porción

Ingredientes

- 1 taza de espinacas
- $\frac{1}{2}$ lima
- 1 limón
- 1 pieza de jengibre (fresco)
- 2 tallos de apio (quitar las hojas)
- 2 manzanas verdes
- 4 hojas de col rizada

Direcciones:

a) Lave todas las frutas y verduras y luego use una toalla de papel para secarlas.

b) Pelar la lima, el limón, el jengibre y las manzanas.

c) Corte todos los ingredientes en trozos que quepan en el conducto de alimentación de su exprimidor.

d) Coloque los trozos de frutas y verduras en su exprimidor. Presione el exprimidor hasta que comience a fluir jugo fresco. Exprimir los ingredientes dependerá del tipo de exprimidor que tengas.

e) Cuando tenga suficiente jugo para llenar un vaso, disfrute de esta versión ácida que promueve la pérdida de peso de la clásica bebida de limonada.

20. Mezcla de jugo de gloria de la mañana

Tamaño de la porción: 1 porción

Ingredientes

- 1 cucharadita de espirulina (seca)
- 1 remolacha mediana
- 2 zanahorias medianas
- 2 naranjas

Direcciones:

a) Lave todas las frutas y verduras y luego use una toalla de papel para secarlas.

b) Pelar las remolachas, las zanahorias y las naranjas.

c) Corte todos los ingredientes en trozos que quepan en el conducto de alimentación de su exprimidor.

d) Coloque los trozos de frutas y verduras en su exprimidor. Presione el exprimidor hasta que comience a fluir jugo fresco. Exprimir los ingredientes dependerá del tipo de exprimidor que tengas.

e) Cuando tenga suficiente jugo para llenar un vaso, agregue la espirulina, mezcle bien y ¡disfrútelo!

21.   Mezcla de jugo al rojo vivo

Tamaño de la porción: 1 porción

Ingredientes

- 2 tazas de espinacas
- $\frac{1}{2}$ lima
- 1 jalapeño
- 1 remolacha mediana
- 1 pieza de jengibre (fresco)
- 2 tallos de apio
- 5 zanahorias grandes

Direcciones:

a) Lave todas las frutas y verduras y luego use una toalla de papel para secarlas.

b) Pelar la lima, la remolacha, el jengibre y las zanahorias.

c) Si desea reducir el picante, primero puede quitar las semillas del jalapeño.

d) Corte todos los ingredientes (excepto el jalapeño) en trozos que quepan en el conducto de alimentación de su exprimidor.

e) Coloque los trozos de frutas y verduras en su exprimidor. Presione el exprimidor hasta que comience a fluir jugo fresco. Exprimir los ingredientes dependerá del tipo de exprimidor que tengas.

f) Cuando tenga suficiente jugo para llenar un vaso, disfrute de esta mezcla de jugo única con una patada.

22. Mezcla de arándanos y cítricos

RINDE 1 COPA

Ingredientes

- 1 taza de arándanos
- 2 naranjas, peladas
- 1 toronja rosa, pelada

Direcciones:

a) Procese las frutas a través del tubo de alimentación de un exprimidor electrónico de acuerdo con las instrucciones del fabricante en el orden que desee.

b) Beba tan pronto como sea posible después de la preparación.

23. Jugo de sandía y naranja

RINDE 11/2 TAZAS

Ingredientes

- 2 tazas de trozos de sandía
- 1 naranja grande, pelada

Direcciones:

a) Procese las frutas a través de un exprimidor electrónico de acuerdo con las instrucciones del fabricante.
b) Servir solo o con hielo.

24. Especial de remolacha de bayas

RINDE 1 COPA

Ingredientes

- 1 taza de arándanos
- 1/2 taza de fresas
- 1/2 remolacha mediana
- 1 acelga arcoíris de hoja grande
- 1/2 taza de agua de manantial

Direcciones:

a) Procese las bayas a través de un exprimidor electrónico de acuerdo con las instrucciones del fabricante.
b) Añadir la remolacha y las acelgas.
c) ¡Bate el jugo junto con el agua para mezclar y disfrutar!

25. Aperitivo descarado

RINDE 11/2 TAZAS 1

Ingredientes

- camote, pelado
- 4 tallos de apio, con hojas
- 1/2 taza de espinacas
- 1 calabacín
- 1 pepino

Direcciones:

a) Corte la batata en trozos y procese a través de un exprimidor electrónico de acuerdo con las instrucciones del fabricante.
b) Agregue el apio y las espinacas.
c) Corta el calabacín en trozos y agrégalo al exprimidor, seguido del pepino.
d) Bate bien el jugo para combinarlo y sírvelo con hielo si lo deseas.

26. Batido de objetivo de peso

RINDE 21/2 TAZAS (2 PORCIONES)

Ingredientes

- 1 remolacha azucarera mediana, tapas opcionales
- 5 zanahorias, cortadas
- 2 tallos de apio, incluidas las hojas
- 1 pepino, cortado en trozos
- 1 toronja, pelada
- 1 kiwi
- ciruela, sin hueso
- peras, sin corazón
- 2 manzanas, sin corazón

Direcciones:

a) Procese la remolacha y las zanahorias a través de un exprimidor electrónico de acuerdo con las instrucciones del fabricante.

b) Agregue el apio y el pepino.

c) Agregue la toronja y el kiwi, seguidos de la ciruela.

d) Agregue las peras y las manzanas.

e) Bate o agita el jugo para combinar los ingredientes. Sirva directamente o sobre hielo.

27.   Ponche de manzana y sandía

RINDE 11/2 TAZAS

Ingredientes

- manzanas, sin corazón
- tazas de sandía, cortada en cubitos

Direcciones:

a) Procese las manzanas a través de un exprimidor electrónico de acuerdo con las instrucciones del fabricante.
b) Agrega la sandía.
c) Batir el jugo para combinar y servir de inmediato.

28. Batido dulce

RINDE 1 COPA

Ingredientes

- 1 plátano, congelado o fresco
- 1 manzana, sin corazón
- 1 cucharadita de especias para pastel de calabaza
- Plátanos en la licuadora

Direcciones:

a) Use un exprimidor o licuadora tipo bala para combinar frutas carnosas como plátanos y aguacates.

b) Combine todos los ingredientes en una licuadora y haga puré hasta que quede suave.

c) Servir inmediatamente.

29. Súper Cóctel Para Adelgazar

RINDE 2 TAZAS (2 PORCIONES)

Ingredientes

- 2 tallos de apio, incluidas las hojas
- 1/2 pepino
- 1/4 cabeza de repollo verde
- 2 tallos de bok choy
- 1/2 manzana mediana, sin corazón
- 1/2 limón, pelado
- 1 pieza (1/2 pulgada) de jengibre
- 1/2 taza de perejil
- 5 hojas de col rizada o col rizada
- 1 taza de espinacas

Direcciones:

a) Procese el apio y el pepino a través de un exprimidor electrónico de acuerdo con las instrucciones del fabricante.

b) Corte el repollo en trozos y agréguelo al exprimidor, seguido del bok choy, la manzana y el limón.

c) Agregue el jengibre y el perejil.

d) Agregue la col rizada o las coles y las espinacas.

e) Servir solo o con hielo.

30. Siente el quemador de grasa Burn

RINDE 21/2 TAZAS (2 PORCIONES)

Ingredientes

- 2 tomates grandes, en cuartos
- tallos de apio
- o 4 rábanos, sin cola y cortados
- 1 pimiento rojo dulce, sin semillas
- 1 chile plátano amarillo, o 1 chile jalapeño fresco, sin semillas
- 3 cebollas verdes
- 1/2 cucharadita de pimienta de cayena
- Una generosa pizca de salsa Tabasco, o al gusto

Direcciones:

a) Procese los tomates y el apio a través de un exprimidor electrónico de acuerdo con las instrucciones del fabricante.
b) Agregue los rábanos y los pimientos.
c) Agregue las cebollas verdes.
d) Agrega la cayena y la salsa picante.
e) ¡Bate el jugo para combinar y disfrutar!

31.   Destructor de celulitis

RINDE 1 COPA

Ingredientes

- 1 manzana, sin corazón
- toronja, pelada
- tallos de apio, con hojas
- 1/2 pepino
- 2 cucharadas de hojas de menta fresca

Direcciones:

a) Procese la manzana a través de un exprimidor electrónico de acuerdo con las instrucciones del fabricante.
b) Agregue las secciones de toronja, seguidas del apio.
c) Agregue el pepino y las hojas de menta.
d) ¡Batir o agitar el jugo para mezclar y disfrutar!

32. Delicia de toronja y berro

RINDE 11/2 TAZAS

Ingredientes

- toronjas, peladas
- 1/2 taza de berros
- o 4 ramitas de perejil

Direcciones:

a) Procese las toronjas a través de un exprimidor electrónico de acuerdo con las instrucciones del fabricante.

b) Añadir los berros y el perejil.

c) Sirve el jugo solo o con hielo.

33. Jugo de pérdida de peso tropical

RINDE 11/2 TAZAS

Ingredientes

- 2 mangos, sin semillas
- 1 manzana, sin corazón
- 1 toronja, pelada
- 1 trozo de jengibre (1/2 pulgada)

Direcciones:

a) Procese los mangos a través de un exprimidor electrónico de acuerdo con las instrucciones del fabricante.
b) Agregue la manzana, seguida de los gajos de toronja y el jengibre.
c) Batir o agitar el jugo para combinar los ingredientes y servir.

34. Zumo de frambuesa y manzana

RINDE 11/2 TAZAS

Ingredientes

- 2 tazas de frambuesas
- 2 manzanas, sin corazón
- 1 lima, pelada

Direcciones:

a) Procese las bayas a través de un exprimidor electrónico de acuerdo con las instrucciones del fabricante.

b) Agregue las manzanas, seguidas de la lima.

c) Batir o agitar el jugo para combinar los ingredientes y servir solo o con hielo.

35.   Jugo de jícama

RINDE 1 COPA

Ingredientes

- 1 jícama entera
- 2 tazas de espinacas
- 1/2 remolacha mediana
- 1/2 limón, pelado
- 1 naranja mediana, pelada

Direcciones:

a) Procesa la jícama a través de un exprimidor electrónico de acuerdo a las indicaciones del fabricante.
b) Agrega las espinacas.
c) Agregue la remolacha, seguida de los gajos de limón y naranja.
d) Bate o agita el jugo para combinar los ingredientes y sirve con hielo, si lo deseas.

36. Bonanza naranja

RINDE 2 TAZAS

Ingredientes

- 2 remolachas azucareras pequeñas, cortadas y sin cola
- 2 naranjas grandes, peladas
- 1/2 limón, pelado
- zanahoria grande, cortada
- tazas de espinacas
- 2 tallos de apio con hojas
- 1 pieza (1 pulgada) de jengibre fresco

Direcciones:

a) Procese las remolachas a través de un exprimidor electrónico de acuerdo con las instrucciones del fabricante.
b) Agregue los gajos de naranja, seguidos del limón.
c) Procese la zanahoria, luego agregue las espinacas y el apio. Agrega el jengibre.
d) Bate el jugo para combinar los ingredientes, sirve inmediatamente.

37. Refrescante de menta

RINDE 1 COPA

Ingredientes

- 1 manzana, sin corazón
- 5 ramitas de menta
- 1 lima, pelada

Direcciones:

a) Procese el apio a través de un exprimidor electrónico de acuerdo con las instrucciones del fabricante.

b) Agregue la manzana, seguida de la menta y la lima.

c) Servir solo o con hielo.

d) Una pizca generosa de salsa picante

e) Hierbas frescas para decorar (opcional)

f) Combine los ingredientes en el tazón de trabajo de un procesador de alimentos o licuadora hasta que quede suave.

g) Enfríe 1 hora o más y decore con hierbas frescas según lo desee.

JUGOS PARA EL SISTEMA INMUNE

38.   Jugos Cítricos

Ingredientes

- 3 mandarinas o 2 naranjas pequeñas – peladas
- 1 limón pequeño, con la piel cortada
- 1 lima pequeña, con la piel cortada
- 1 pulgada de jengibre pelado y en rodajas finas
- 1/2 cucharadita de cúrcuma seca o 1/2 pulgada de cúrcuma fresca pelada
- Una pizca de sal marina real
- pizca de pimienta negra
- Miel, al gusto (omitir para Whole30)
- 1 1/2 tazas de agua

Direcciones

a) Pele las mandarinas o naranjas y corte la cáscara del limón y la lima. Si está utilizando una licuadora de alta velocidad como una licuadora, toda la fruta se puede mantener entera. De lo contrario, es posible que desee cortarlo en trozos más pequeños.

b) Pelar y cortar en rodajas finas el jengibre y juntar los demás ingredientes.

c) Agregue todos los ingredientes a una licuadora. Mezcle a fuego alto hasta que quede suave y no queden trozos de fruta o jengibre.

d) Sirva inmediatamente o mueva al refrigerador para almacenar hasta que esté listo para disfrutar. ¡Agitar antes de verter!

39.   Jugo de tomate

Ingredientes
- 3 libras de tomates de jardín muy maduros, sin corazón, picados en trozos grandes
- 1 1/4 tazas de apio picado con hojas
- 1/3 taza de cebolla picada
- 2 cucharadas de azúcar (al gusto)
- 1 cucharadita de sal
- Pizca de pimienta negra
- Un par de batidos de salsa Tabasco, unas 6-8 gotas (al gusto)

Direcciones:
a) Coloque todos los ingredientes en una olla grande no reactiva (use acero inoxidable, no aluminio). Lleve a fuego lento y cocine, sin tapar, hasta que la mezcla esté completamente espesa, aproximadamente 25 minutos.
b) Fuerce la mezcla a través de un tamiz, chinoise o molino de alimentos. Enfriar completamente.
c) Conservar tapado y refrigerado. Durará aproximadamente 1 semana en el refrigerador.

40. Mezcla de jugo ABC

Tamaño de la porción: 1 porción

Ingredientes

- 1 manzana verde
- 1 limón
- 1 pieza de jengibre (fresco)
- 2 remolachas
- 3 zanahorias

Direcciones:

a) Lave todas las frutas y verduras y luego use una toalla de papel para secarlas.

b) Pelar la manzana verde, el limón, el jengibre, la remolacha y las zanahorias.

c) Corte todos los ingredientes en trozos que quepan en el conducto de alimentación de su exprimidor.

d) Coloque los trozos de frutas y verduras en su exprimidor. Presione el exprimidor hasta que comience a fluir jugo fresco. Exprimir los ingredientes dependerá del tipo de exprimidor que tengas.

e) Cuando tenga suficiente jugo para llenar
un vaso, disfrute de esta saludable
mezcla de jugo que promueve la inmunidad.

41. Mezcla de jugo de sol

Tamaño de la porción: 1 porción

Ingredientes

- 1 pieza de jengibre (fresco)
- 2 naranjas
- 4 zanahorias

Direcciones:

a) Lave todas las frutas y verduras y luego use una toalla de papel para secarlas.

b) Pelar el jengibre, las naranjas y las zanahorias.

c) Corte todos los ingredientes en trozos que quepan en el conducto de alimentación de su exprimidor.

d) Coloque los trozos de frutas y verduras en su exprimidor. Presione el exprimidor hasta que comience a fluir jugo fresco. Exprimir los ingredientes dependerá del tipo de exprimidor que tengas.

e) Cuando tenga suficiente jugo para llenar un vaso, disfrute de esta mezcla de jugo fresca, soleada y que estimula la inmunidad.

JUGOS PARA UNA MEJOR DIGESTIÓN

42. Jugo de limon

Porciones: 6

Ingredientes

- 3-4 limones grandes para obtener 1 taza de jugo de limón
- 2 litros de agua
- $\frac{1}{4}$ taza Azúcar Opcional o al gusto
- 1 guarnición de rodajas de limón pequeño (opcional)

Direcciones:

a) Haga rodar los limones sobre la encimera con un movimiento circular o entre las palmas de las manos. Esto es para que sean fáciles de hacer jugo.

b) Ingredientes mostrados.

c) Corte cada limón en 2 partes iguales y jugo.

d) Limones cortados en jugo.

e) Vierta el jugo de limón recién exprimido en una jarra y luego agregue 2 litros de agua fría.

f) Agregue los limones en rodajas (opcional) y el azúcar si los usa.

g) jugo y rodajas de limón agregados en la jarra.

h) Revuelva bien y póngalo en el refrigerador para que se enfríe durante al menos 30 minutos o sirva inmediatamente en hielo.

i) limonada en taza y jarra.

43. Jugo de ciruela

Raciones2

Ingredientes
- 1 + 1/4 tazas de agua
- 5 ciruelas pasas
- 2 cucharaditas de azúcar
- 1 cucharadita de jugo de limón
- unos cubitos de hielo

Direcciones:
a) Toma ciruelas secas. Agregue 1/4 taza de agua.
b) Mantener tapado y dejar reposar durante 15-20 minutos.
c) En una licuadora, agregue las ciruelas pasas remojadas, 1 taza de agua y luego agregue el azúcar.
d) Mézclalo hasta que quede suave.
e) Extraiga el jugo completamente comprándolo presionando con una cuchara. Finalmente agregar jugo de limón.
f) En el vaso de servir, agregue unos cubitos de hielo, luego vierta el jugo, mezcle y sirva de inmediato.

44. Mezcla de jugo antioxidante

Tamaño de la porción: 1 porción

Ingredientes

- 2 cucharaditas de vinagre de sidra de manzana (preferiblemente orgánico con la 'Madre')
- $\frac{1}{2}$ taza de perejil
- $\frac{1}{2}$ remolacha
- 1 pepino mediano
- 1 manzana pequeña
- 1 limón pequeño
- 3 zanahorias medianas
- 4 palitos de apio
- jengibre (fresco, puedes agregar tanto como prefieras)

Direcciones:

a) Lave todas las frutas y verduras y luego use una toalla de papel para secarlas.

b) Pelar la remolacha, el pepino, la manzana, el limón y las zanahorias.

c) Corte todos los ingredientes en trozos que quepan en el conducto de alimentación de su exprimidor.

d) Coloque los trozos de frutas y verduras en su exprimidor. Presione el exprimidor hasta que comience a fluir jugo fresco. Exprimir los ingredientes dependerá del tipo de exprimidor que tengas.

e) Cuando tenga suficiente jugo para llenar un vaso, agregue el vinagre de sidra de manzana y ¡disfrútelo!

45. Mezcla de jugo verde Go

Tamaño de la porción: 1 porción

Ingredientes

- 1 pepino
- 1 manzana verde
- 1 limón
- 5 hojas de col rizada

Direcciones:

a) Lave todas las frutas y verduras y luego use una toalla de papel para secarlas.

b) Pelar el pepino, la manzana y el limón.

c) Corte todos los ingredientes en trozos que quepan en el conducto de alimentación de su exprimidor.

d) Coloque los trozos de frutas y verduras en su exprimidor. Presione el exprimidor hasta que comience a fluir jugo fresco. Exprimir los ingredientes dependerá del tipo de exprimidor que tengas.

e) Cuando tenga suficiente jugo para llenar un vaso, disfrute de esta mezcla de jugo fresco que mejorará su digestión.

JUGOS PARA LA REGULACIÓN HORMONAL

46.   Verdura crucífera

Ingredientes

- 2 cucharadas de hojas de menta
- 1 taza de espinacas
- 3 tallos de apio
- $\frac{1}{2}$ pepino
- 1 taza de repollo verde
- 1 taza de brócoli (tallos y flores)
- $\frac{1}{2}$ manzana roja
- 1 limón pequeño (3/4 de la cáscara removida)
- 1 pieza de jengibre fresco del tamaño de un pulgar (pelado)

Direcciones:

a) Lavar y picar todos los ingredientes.
b) Ejecutar a través de exprimidor.

47. Jugo de cereza agria

Tamaño de la porción: 1 porción

Ingredientes

- $\frac{1}{2}$ gota de aceite esencial de albahaca
- 1 taza de hojas de col rizada (picadas)
- 1 taza de piña (picada)
- 1 lima
- 2 pepinos
- 3 tallos de apio

Direcciones:

a) Lave todas las frutas y verduras y luego use una toalla de papel para secarlas.

b) Pelar la lima y el pepino.

c) Corte todos los ingredientes en trozos que quepan en el conducto de alimentación de su exprimidor.

d) Coloque los trozos de frutas y verduras en su exprimidor. Presione el exprimidor hasta que comience a fluir jugo fresco. Exprimir los ingredientes dependerá del tipo de exprimidor que tengas.

e) Cuando tenga suficiente jugo para llenar un vaso, agregue el aceite esencial de albahaca al gusto (y para agregar nutrición) y disfrute.

48. Mezcla de jugo de color naranja

Tamaño de la porción: 1 porción

Ingredientes:

- 2 tazas de verduras como la col rizada y las espinacas

- 1 remolacha

- 1 naranja

- 1 manzana pequeña

- 3 zanahorias

Direcciones:

a) Lave todas las frutas y verduras y luego use una toalla de papel para secarlas.

b) Pelar la remolacha, la naranja, la manzana y las zanahorias.

c) Corte todos los ingredientes en trozos que quepan en el conducto de alimentación de su exprimidor.

d) Coloque los trozos de frutas y verduras en su exprimidor. Presione el exprimidor hasta que comience a fluir jugo fresco. Exprimir los ingredientes dependerá del tipo de exprimidor que tengas.

e) Cuando tenga suficiente jugo para llenar un vaso, disfrute de esta mezcla de jugo de inmediato para obtener los mejores resultados.

JUGOS PARA LA DESINTOXICACIÓN

49.   Jugo de manzana

Ingredientes:

- 18 manzanas
- canela (opcional)
- Azúcar (opcional)

Direcciones:

a) Comience lavando y luego quitando el corazón de la manzana para quitar las semillas. Cortar las manzanas en rodajas. No hay necesidad de pelar las manzanas.

b) Agregue las manzanas a la olla y agregue suficiente agua para cubrirlas. Demasiada agua y tendrás jugo bastante diluido. Este jugo puede salir un poco fuerte, pero es mucho más fácil diluir el jugo con agua adicional en lugar de intentar que el sabor sea más fuerte.

c) Hervir lentamente las manzanas durante unos 20-25 minutos o hasta que las manzanas estén bastante blandas. Coloque un filtro de café o un trozo de gasa en su colador de malla fina y colóquelo sobre un tazón.

d) Vierta lentamente la mezcla caliente de jugo/manzana en un colador de malla fina y triture suavemente las manzanas. El jugo se filtrará a través del fondo en su tazón mientras que la papilla de manzana se quedará atrás. Coloque la papilla en un recipiente aparte para más tarde. Repita este proceso hasta que todo su jugo esté en el tazón.

e) Prueba el jugo después de que se haya enfriado un poco. Puede agregar azúcar o canela adicional según sus preferencias. Nuevamente, si el sabor es demasiado fuerte, puede agregar agua poco a poco para debilitar el sabor.

f) La papilla de manzana que recolectaste se puede convertir fácilmente en compota de manzana si la haces puré y le agregas una pizca de azúcar y canela al gusto.

g) Tenga en cuenta que su jugo de manzana casero no contiene jugo de bayas

50.   Mezcla de jugo desintoxicante

Tamaño de la porción: 4 porciones

Ingredientes:

- $\frac{1}{2}$ limón
- 1 pieza de jengibre (fresco)
- 2 manzanas medianas
- 3 remolachas medianas
- 6 zanahorias

Direcciones:

a) Lave todas las frutas y verduras y luego use una toalla de papel para secarlas.

b) Pelar el limón, el jengibre, las manzanas, las remolachas y las zanahorias.

c) Corte todos los ingredientes en trozos que quepan en el conducto de alimentación de su exprimidor.

d) Coloque los trozos de frutas y verduras en su exprimidor. Presione el exprimidor hasta que comience a fluir jugo fresco. Exprimir los ingredientes dependerá del tipo de exprimidor que tengas.

e) Cuando tenga suficiente jugo para llenar un vaso, disfrute de esta mezcla de jugo y guarde el resto en su refrigerador hasta por una semana.

51. Mezcla de jugo de jengibre y vegetales Zinger

Tamaño de la porción: 1 porción

Ingredientes:

- $\frac{1}{2}$ taza de perejil
- 2 tazas de espinacas
- $\frac{1}{2}$ pepino
- $\frac{1}{2}$ limón
- 1 manzana verde
- 2 tallos de apio
- 2 piezas de jengibre (fresco)

Direcciones:

a) Lave todas las frutas y verduras y luego use una toalla de papel para secarlas.

b) Pelar el pepino, el limón, la manzana y el jengibre.

c) Corte todos los ingredientes en trozos que quepan en el conducto de alimentación de su exprimidor.

d) Coloque los trozos de frutas y verduras en su exprimidor. Presione el exprimidor hasta que comience a fluir jugo fresco. Exprimir los ingredientes dependerá del tipo de exprimidor que tengas.

e) Cuando tenga suficiente jugo para llenar un vaso y disfrute de esta mezcla de jugos fría para obtener los mejores resultados.

52. El especial de desintoxicación

RINDE 1 COPA

Ingredientes:

- 3 remolachas azucareras medianas, incluidas las verdes, cortadas
- 1 zanahoria mediana, cortada
- 1/2 libra de uvas negras sin semillas

Direcciones:

a) Cortar las remolachas y las verduras en trozos.
b) Procese las remolachas, las verduras y las zanahorias a través de su exprimidor electrónico de acuerdo con las instrucciones del fabricante.
c) Añade las uvas.
d) Bate el jugo para combinar los ingredientes por completo. Bebe inmediatamente.

53. Borscht en un vaso

RINDE 1 COPA

Ingredientes:

- 2 remolachas azucareras pequeñas, incluidas las verdes
- 1 manzana mediana, sin corazón
- 1 naranja mediana, pelada y segmentada
- 3 cebollas verdes, incluidas las tapas
- pepino grande
- 2 cucharadas de hojas de menta fresca

Direcciones:

a) Procese las remolachas y las verduras a través de su exprimidor electrónico de acuerdo con las instrucciones del fabricante.

b) Agregue la manzana, seguida de los gajos de naranja.

c) Agregue las cebollas y el pepino.

d) Añade las hojas de menta.

e) Mezcle bien el jugo para combinar y sirva sobre hielo.

54. Verdes glamorosos

RINDE 2 TAZAS

Ingredientes:

- 1/2 manojo de espinacas, aproximadamente 2 tazas
- 1 taza de berros
- 1 taza de rúcula
- manzana mediana, sin corazón
- 1/2 limón, pelado
- tallos de apio, con hojas
- Rodaja de 1/2 pulgada de jengibre fresco

Direcciones:

a) Procese la manzana a través de un exprimidor electrónico de acuerdo con las instrucciones del fabricante.

b) Agregue los tallos de limón y apio.

c) Agregue las verduras y el jengibre en cualquier orden.

d) Batir el jugo para combinar y servir bien frío o con hielo.

55. Poder de granada

RINDE 1 COPA

Ingredientes:

- 4 granadas, peladas
- 1/2 limón, pelado 2 cucharadas de miel cruda

Direcciones:

a) Procese las granadas peladas a través de un exprimidor electrónico de acuerdo con las instrucciones del fabricante.
b) Agrega el limón.
c) Agregue la miel al jugo resultante.
d) Bate el jugo hasta que la miel se disuelva por completo y ¡disfrútalo!

56.   Limpiador corporal potenciador

INGREDIENTES | RINDE 1 COPA

Ingredientes:

- 1 taza de floretes de brócoli
- 3 zanahorias medianas, cortadas
- 1 manzana mediana, como Granny Smith, sin corazón
- 1 tallo de apio, incluidas las hojas
- 1/2 taza de hojas de espinaca

Direcciones:

a) Procese el brócoli, las zanahorias y la manzana a través de un exprimidor electrónico de acuerdo con las instrucciones del fabricante.

b) Agregue el tallo de apio y las hojas de espinaca.

c) Mezcle bien el jugo y bébalo tan pronto como sea posible después de la preparación para obtener el máximo efecto.

57.   Hombre de Acero

RINDE 3 TAZAS (2 PORCIONES)

Ingredientes:

- 4 naranjas grandes, peladas
- 4 limones medianos, pelados
- 1/4 taza de miel cruda, o al gusto
- 4 tazas de uvas rojas, negras o verdes sin semillas

Direcciones:

a) Procese las naranjas y los limones en un exprimidor electrónico de acuerdo con las instrucciones del fabricante.

b) Agregue la miel, seguida de las uvas.

c) ¡Bate el jugo para combinar completamente y disfruta! Si lo prefiere, agregue agua fría para diluir un poco el jugo y disminuir la intensidad del sabor.

58. Desintoxicación corporal total

RINDE 1 COPA

Ingredientes:

- 1 tomate grande
- 2 tallos de espárragos
- 1 pepino mediano
- 1/2 limón, pelado

Direcciones:

a) Procese el tomate y los espárragos a través de su exprimidor electrónico de acuerdo con las instrucciones del fabricante.

b) Agrega el pepino y el limón.

c) Mezcle el jugo para combinar y sirva frío o con hielo.

59. Limpieza de zanahoria

RINDE 1 COPA

Ingredientes:

- 1/2 libra de zanahorias, cortadas
- 1 manzana grande, sin corazón
- 1 limón, pelado y sin semillas

Direcciones:

a) Procese las zanahorias, una a la vez, a través de su exprimidor electrónico de acuerdo con las instrucciones del fabricante.
b) Cortar la manzana en dados y agregar.
c) Agrega el limón.
d) Batir el jugo para combinar y disfrutar de inmediato.

60. Cóctel De Alcachofa Y Cilantro

RINDE 1 COPA

Ingredientes:

- 4 alcachofas de Jerusalén
- 1 manojo de cilantro fresco, aproximadamente 1 taza
- 4 rábanos grandes, sin cola y cortados
- 3 zanahorias medianas, cortadas

Direcciones:

a) Procese las alcachofas de Jerusalén, una a la vez, a través de su exprimidor electrónico de acuerdo con las instrucciones del fabricante.
b) Enrolle el cilantro en una bola para comprimir y agregar.
c) Agregue los rábanos y las zanahorias.
d) Mezcle bien el jugo para combinar y sirva sobre hielo como desee.

## 61.	C-agua de desintoxicación

RINDE 11/2 TAZAS

Ingredientes:

- 3 kiwis
- 2 pomelos rosados, pelados y sin semillas
- 4 onzas de agua

Direcciones:

a) Procese el kiwi y la toronja a través de su exprimidor electrónico de acuerdo con las instrucciones del fabricante.
b) Agregue el agua y mezcle bien.
c) Beber tan pronto como sea posible después de la preparación ya que la vitamina C fresca se deteriora rápidamente.

62. Limpieza de papaya y fresa

RINDE 11/4 TAZAS

Ingredientes:

- 2 papayas
- 1 taza de fresas, cáscara intacta

Direcciones:

a) Procese las papayas y las fresas a través de su exprimidor electrónico de acuerdo con las instrucciones del fabricante.
b) ¡Mezcle y disfrute!

63. Cóctel De Manzana Y Pepino

RINDE 1 COPA

Ingredientes:

- 1 pepino mediano
- 1 manzana mediana, sin corazón
- Agua para hacer 1 taza de jugo

Direcciones:

a) Procese el pepino y la manzana a través de su exprimidor electrónico de acuerdo con las instrucciones del fabricante.

b) Agregue el agua para hacer 1 taza y mezcle bien. ¡Bebe y disfruta!

64. Batido De Aguacate

RINDE 11/2 TAZAS

Ingredientes:

- 2 hojas de col rizada o acelga, picadas
- 1/2 taza de trozos de mango
- 1/4 aguacate
- 1/2 taza de agua de coco
- 1/2 taza de hielo

Direcciones:

a) Procese la col rizada o la acelga y los trozos de mango en un exprimidor electrónico de acuerdo con las instrucciones del fabricante.
b) Transfiera la mezcla a una licuadora y agregue el aguacate, el agua de coco y el hielo.
c) Mezclar hasta que esté suave.

65.   Limpiador de melón y menta

RINDE 11/2 TAZAS

Ingredientes:

- 1/2 melón, pelado y sin semillas
- 1/4 taza de hojas de menta fresca
- 1/4 taza de perejil
- 1 taza de arándanos

Direcciones:

a) Corte el melón en trozos y procese a través de un exprimidor electrónico de acuerdo con las instrucciones del fabricante.

b) Enrolle la menta y el perejil en bolas para comprimir y agregar al exprimidor.

c) Agrega los arándanos.

d) ¡Bate el jugo para combinar los ingredientes y disfruta!

66. Magia de arándanos

RINDE 11/2 TAZAS

Ingredientes:

- 3/4 taza de arándanos
- 3 zanahorias medianas, cortadas
- 2 manzanas, sin corazón

Direcciones:

a) Procese los arándanos a través de un exprimidor electrónico de acuerdo con las instrucciones del fabricante.
b) Agregue las zanahorias y las manzanas.
c) Mezcle bien el jugo y sirva.

67. Limpieza de col rizada

RINDE 11/2 TAZAS

Ingredientes:

- 1 taza de floretes de brócoli
- 1 col roja de cabeza pequeña
- 3 hojas grandes de col rizada o acelga

Direcciones:

a) Procese el brócoli a través de un exprimidor electrónico de acuerdo con las instrucciones del fabricante.
b) Cortar el repollo en trozos y agregar al exprimidor.
c) Añadir la col rizada o acelgas.
d) Mezcle bien el jugo y sirva solo o con hielo.

68. Yamtástico

RINDE 11/2 TAZAS

Ingredientes:

- 3 naranjas, peladas
- 2 peras Anjou sin corazón
- 1 ñame grande, pelado

Direcciones:

a) Procese los gajos de naranja a través de un exprimidor electrónico de acuerdo con las instrucciones del fabricante.
b) Agrega las peras.
c) Cortar el ñame en trozos y agregar al exprimidor. Servir sobre hielo.

69. El crisol

RINDE 11/2 TAZAS

Ingredientes:

- 1 tallo de brócoli
- 1/4 cabeza de repollo
- 1/4 cabeza de coliflor
- hojas de col rizada
- 1/2 limón, pelado
- 2 manzanas, sin corazón

Direcciones:

a) Procese los segmentos de brócoli a través de un exprimidor electrónico de acuerdo con las instrucciones del fabricante.
b) Agregue el repollo, seguido de la coliflor.
c) Agregue la col rizada, seguida del limón y las manzanas.
d) Batir el jugo para combinar y servir sobre hielo.

70. sidra de canela

RINDE 11/2 TAZAS

Ingredientes:

- 2 manzanas, sin corazón
- 8 tallos de apio
- pizca de canela

Direcciones:

a) Procese las manzanas a través de un exprimidor electrónico de acuerdo con las instrucciones del fabricante.
b) Agrega el apio. Agregue la canela al jugo resultante.
c) Batir el jugo para combinar y servir de inmediato.

71. Limpieza de vegetales de raíz

RINDE 11/2 TAZAS

Ingredientes:

- 1/2 remolacha mediana, cola y recortada
- 3 zanahorias medianas, cortadas
- 2 manzanas, sin corazón
- 1 batata mediana, cortada en trozos
- 1/4 cebolla dulce española o Vidalia, pelada

Direcciones:

a) Procese la remolacha y las zanahorias a través de un exprimidor electrónico de acuerdo con las instrucciones del fabricante.

b) Agregue las manzanas y la batata, seguido de la cebolla.

c) Mezcle bien el jugo para combinar los ingredientes y sirva de inmediato.

72.   Te De Mango

RINDE 2 TAZAS

Ingredientes:

- 1/2 mango, pelado y sin semillas
- 1 taza de agua caliente
- 1 bolsita de té de hierbas

Direcciones:

a) Procese el mango a través de un exprimidor electrónico de acuerdo con las instrucciones del fabricante.
b) Vierta agua sobre la bolsa de té y deje reposar durante 2 minutos.
c) Agregue 1/4 taza de jugo de mango al té y revuelva.

73.   Bebe tus verduras

Ingredientes:

- 2 tazas de hojas de espinaca tierna
- 6 apio
- 2 pepinos grandes
- 1/2 limón
- 2 manzanas medianas
- Jengibre de 1-2 pulgadas
- 1/4 - 1/2 taza de hojas de perejil

Direcciones

a) Lave, prepare y pique los productos.
b) Agregue los productos al exprimidor uno a la vez.
c) Servir frío sobre hielo. Puede guardarse en frascos o vasos herméticamente cerrados en el refrigerador durante 7 a 10 días. Agitar o remover bien antes de beber.

74.   el desintoxicante

Ingredientes:

- 2-3 remolachas
- 6 zanahorias
- 2 manzanas medianas
- 1/2 limón
- Jengibre de 1-2 pulgadas

Direcciones

a) Lave, prepare y pique los productos.
b) Agregue los productos al exprimidor uno a la vez.
c) Servir frío sobre hielo. Puede guardarse en frascos o vasos herméticamente cerrados en el refrigerador durante 7 a 10 días. Agitar o remover bien antes de beber.

75.   La visión

Ingredientes:

- 8 zanahorias grandes
- 2-3 naranjas de ombligo
- Jengibre de 1-2 pulgadas
- Cúrcuma de 1 pulgada (opcional)

Direcciones

a) Lave, prepare y pique los productos.
b) Agregue los productos al exprimidor uno a la vez.
c) Servir frío sobre hielo. Puede guardarse en frascos o vasos herméticamente cerrados en el refrigerador durante 7 a 10 días. Agitar o remover bien antes de beber.

76. Zanahoria dulce

Ingredientes:

- 10 zanahorias grandes
- 2 manzanas medianas
- 1/4 taza de perejil (opcional)

Direcciones

a) Lave, prepare y pique los productos.
b) Agregue los productos al exprimidor uno a la vez.
c) Servir frío sobre hielo. Puede guardarse en frascos o vasos herméticamente cerrados en el refrigerador durante 7 a 10 días. Agitar o remover bien antes de beber.

JUGOS PARA RETRASAR EL ENVEJECIMIENTO

77. Jugo de uva roja

Porciones: 6 porciones

Ingredientes
- 1-2 libras Uvas rojas
- 2 taza de agua
- $\frac{1}{4}$ de taza) de azúcar

Direcciones:

a) Llene la licuadora con uvas.
b) Añadir agua y azúcar.
c) Cuele la pulpa si lo desea.
d) Servir frío.

78. Jugo de pepino

Ingredientes

- 6 tazas de agua
- 2 pepinos ingleses
- 1 jugo de limón y ralladura
- 2 cucharadas de menta fresca

Direcciones:

a) Corta los extremos de los pepinos y pélalos. Cortar en algunos trozos más grandes.

b) Coloque los pepinos, el agua, la ralladura de limón, el jugo de limón y la menta en un procesador de alimentos o en una licuadora. Mezcle los ingredientes durante 2-3 minutos hasta que quede suave.

c) Coloque un colador sobre un tazón más grande y vierta el jugo de pepino en el colador. Use una espátula para mover el jugo a través del colador hasta que no salga más jugo. Deseche los sólidos.

d) Disfruta el jugo de pepino inmediatamente o guárdalo en el refrigerador hasta por 24 horas.

79. Mezcla de Jugo Joven y Fresco

Tamaño de la porción: 1 porción

Ingredientes
- 2 tazas de manzanas
- 2 tazas de arándanos

Direcciones:

a) Lave todas las frutas y luego use una toalla de papel para secarlas.

b) Pele la manzana y córtela en trozos que quepan en el conducto de alimentación de su exprimidor.

c) Coloque las frutas en su exprimidor. Presione el exprimidor hasta que comience a fluir jugo fresco. Exprimir los ingredientes dependerá del tipo de exprimidor que tengas.

d) Cuando tenga suficiente jugo para llenar un vaso, disfrute de esta mezcla de jugo antienvejecimiento.

80. Mezcla de jugo rosado juvenil

Tamaño de la porción: 1 porción

Ingredientes

- $\frac{1}{2}$ taza de fresas

- 1 taza de arándanos

- 1 $\frac{1}{2}$ tazas de agua

- 1 hoja grande de col rizada

- 1 remolacha pequeña

Direcciones:

a) Lave todas las frutas y verduras y luego use una toalla de papel para secarlas.

b) Pelar la remolacha y quitar el tallo de la hoja de col rizada.

c) Corte todos los ingredientes en trozos que quepan en el conducto de alimentación de su exprimidor.

d) Coloque los trozos de frutas y verduras en su exprimidor. Presione el exprimidor hasta que comience a fluir jugo fresco. Exprimir los ingredientes dependerá del tipo de exprimidor que tengas.

e) Cuando tenga suficiente jugo para llenar un vaso y disfrute de esta mezcla de jugo juvenil que se ve muy bien y sabe aún mejor.

JUGOS PARA UN CUERPO SALUDABLE

81. Explosión de arándanos

RINDE 11/2 TAZAS

Ingredientes

- 1 taza de arándanos
- 2 zanahorias grandes, cortadas
- 1/2 taza de trozos de piña fresca

Direcciones:

a) Siguiendo las instrucciones del fabricante, procese los arándanos, las zanahorias y la piña en el orden que desee.

b) Revuelva o agite el jugo para mezclar completamente, agregando hielo si lo desea.

c) Beber tan pronto como sea posible después de la mezcla.

82. Jugo de naranja y fresa

RINDE 11/2 TAZAS

Ingredientes

- 1 naranja grande, pelada
- 1 taza de fresas
- 1 plátano, pelado

Direcciones:

a) Procese la naranja y las fresas a través de un exprimidor electrónico de acuerdo con las instrucciones del fabricante.

b) Agregue el plátano y transfiéralo a una licuadora hasta que la mezcla esté suave. Servir inmediatamente.

83. Jugo De Naranja Y Plátano

RINDE 11/2 TAZAS

Ingredientes

- 1 camote pequeño, pelado
- 1 zanahoria grande, cortada
- 2 peras maduras, sin corazón
- 3 naranjas medianas, peladas

Direcciones:

a) Procese la zanahoria y la batata a través de su exprimidor de acuerdo con las instrucciones del fabricante.

b) Agregue las peras y los gajos de naranja y procese.

c) Mezcle bien el jugo antes de servir.

84. pepino picante

RINDE 1 COPA

Ingredientes

- 1 pepino
- 1 diente de ajo, pelado
- 2 cebollas verdes, cortadas
- 1/2 chile jalapeño
- 2 limas pequeñas o limas mexicanas

Direcciones:

a) Procese los ingredientes en cualquier orden a través de un exprimidor electrónico de acuerdo con las instrucciones del fabricante.

b) Revuelva para mezclar el jugo y sirva con hielo.

85. máquina de frijol

RINDE 1 COPA

Ingredientes

- 2 tazas de judías verdes frescas
- 5 hojas grandes de lechuga romana
- 1 pepino
- 1 limón cortado en cuartos, pelado

Direcciones:

a) Procese los granos a través de su exprimidor electrónico de acuerdo con las instrucciones del fabricante.
b) Añade la lechuga, seguida del pepino y el limón.
c) Mezcle bien el jugo para combinar los ingredientes y sirva solo o con hielo.

86. Golpe de poder

RENDIMIENTO 1

Ingredientes

- 1 batata mediana, pelada
- 4 naranjas medianas, peladas
- 2 zanahorias medianas, cortadas
- 1/2 taza de perejil fresco
- 1/2 piña fresca, pelada y cortada en trozos

Direcciones:

a) Cortar el ñame en trozos según sea necesario. Procese a través de su exprimidor electrónico de acuerdo con las instrucciones del fabricante.

b) Agregue los gajos de naranja, unos pocos a la vez.

c) Agregue las zanahorias y los trozos de piña.

d) Mezcle bien el jugo resultante antes de servir.

87. Súper Jugo de Vegetales

RINDE 11/2 TAZAS

Ingredientes

- 1 pepino entero
- 6 hojas de lechuga romana
- 4 tallos de apio, incluidas las hojas
- 2 tazas de espinacas frescas

Direcciones:

a) Corte el pepino en trozos y procese a través de su exprimidor de acuerdo con las instrucciones del fabricante.

b) Envuelva las hojas de lechuga alrededor de los tallos de apio y agréguelos al tubo de alimentación.

c) Agregue las espinacas, los brotes y el perejil en el orden que desee.

d) Mezcle bien el jugo antes de servir.

88. El maestro de la remolacha

RINDE 1 COPA

Ingredientes

- 2 remolachas medianas
- 2 manzanas, sin corazón
- 1 naranja mediana, pelada
- 2 tallos de apio, con hojas

Direcciones:

a) Frote y corte las remolachas. Cortar en trozos.

b) Procese los trozos de remolacha a través del tubo de alimentación de un exprimidor electrónico de acuerdo con las instrucciones del fabricante.

c) Cortar las manzanas en trozos y añadir al exprimidor, junto con la naranja y el apio.

d) Mezcle bien el jugo y sirva sobre hielo.

89. Arándano Manzana

RINDE 1 COPA

Ingredientes

- 2 tazas de arándanos frescos o congelados
- 1 manzana, sin corazón
- 1 rodaja de limón o lima, pelada

Direcciones:

a) Procese las bayas a través de su exprimidor electrónico de acuerdo con las instrucciones del fabricante.

b) Agregue la manzana, seguida del limón o la lima.

c) Revuelva o agite bien el jugo para combinar los ingredientes y sirva.

90. el energizante

RINDE 2 TAZAS

Ingredientes

- 2 manzanas, sin corazón
- 1/2 pepino
- 1/4 bulbo de hinojo
- 2 tallos de apio, incluidas las hojas
- 1/2 limón, pelado
- 1 pieza de jengibre, aproximadamente 1/4 de pulgada
- 1/2 taza de col rizada
- 1/2 taza de espinacas
- 6 hojas de lechuga romana

Direcciones:

a) Agregue el apio, seguido del limón y el jengibre.
b) Rompe ligeramente las verduras restantes en pedazos y procesa.
c) Mezcle bien el jugo antes de servir. Sirva sobre hielo si lo desea.

91. juego de lechuga

RINDE 11/2 TAZAS

Ingredientes

- 1/2 cabeza de lechuga romana
- 1/2 cabeza de lechuga de hoja roja
- 2 palitos de apio, con hojas

Direcciones:

a) Procese las lechugas y el apio a través de un exprimidor electrónico de acuerdo con las instrucciones del fabricante.

b) Sirve el jugo solo o con hielo.

92. Lo mejor de ambos mundos

RINDE 11/2 TAZAS

Ingredientes

- 4-6 zanahorias medianas, cortadas
- 1 batata mediana, pelada
- 1 pimiento rojo, sin semillas
- 2 kiwis
- pieza de jengibre de 1 pulgada
- 1/2 limón, pelado
- 2 tallos de apio, con hojas

Direcciones:

a) Procese las zanahorias a través de un exprimidor electrónico de acuerdo con las instrucciones del fabricante.
b) Agregue la batata, seguida de la pimienta.
c) Agrega los kiwis y el jengibre.
d) Agregue el limón y el apio.
e) Batir o agitar bien el jugo para combinar y servir solo o con hielo.

93. Placer Simple

RINDE 1 COPA

Ingredientes

- 4 zanahorias grandes, cortadas
- 1 naranja, pelada

Direcciones:

a) Procese las zanahorias a través de un exprimidor electrónico de acuerdo con las instrucciones del fabricante.
b) Agrega los gajos de naranja.
c) Batir o agitar el jugo para combinar y servir.

94.   rojo, blanco y negro

RINDE 11/2 TAZAS

Ingredientes

- 1 taza de uvas rojas
- 1 taza de uvas blancas
- 1/2 taza de grosellas negras

Direcciones:

a) Procese las uvas a través de un exprimidor electrónico de acuerdo con las instrucciones del fabricante.
b) Agregue las pasas de Corinto.
c) Sirve el jugo solo o con hielo.

95. Cóctel De Piña Apio

RINDE 1 COPA

Ingredientes

- 3 rebanadas (1 pulgada) de piña fresca, peladas
- 3 tallos de apio, con hojas

Direcciones:

a) Procese los trozos de piña y el apio a través de su exprimidor.
b) Sirve el jugo inmediatamente.

96. Ponche de melón de pepino

RINDE 2 TAZAS

Ingredientes

- 1/2 pepino
- 1/4 melón dulce pequeño
- 1 taza de uvas verdes sin semilla
- 2 kiwis, pelados
- 3/4 taza de espinacas
- 1 ramita de menta
- 1 limón, pelado

Direcciones:

a) Procese el pepino y el melón a través de un exprimidor electrónico de acuerdo con las instrucciones del fabricante.

b) Añadir las uvas y los kiwis.

c) Agregue las espinacas y la menta, seguidas del limón.

d) Mezcle bien el jugo para combinar los ingredientes y sirva de inmediato.

97.   medicina magica

RINDE 1 COPA

Ingredientes

- 1 mango, pelado y sin corazón
- 1/2 taza de duraznos
- 1/2 taza de trozos de piña
- 2 cucharadas de miel cruda
- 1 cucharadita de jengibre fresco rallado
- 1 taza de arándanos

Direcciones:

a) Procese el mango a través de su exprimidor electrónico de acuerdo con las instrucciones del fabricante.

b) Agregue los trozos de durazno y piña, unos pocos a la vez.

c) Mezclar la miel con el jengibre y los arándanos y añadir al exprimidor.

d) Mezcle bien el jugo antes de servir.

98.   Noche en el tónico de la ciudad

INGREDIENTES | RINDE 21/2 TAZAS (2 PORCIONES)

Ingredientes

- 1 remolacha pequeña
- 6 zanahorias medianas, cortadas
- 1 pimiento verde, sin semillas
- 1 pimiento rojo, sin semillas
- 1/2 taza de col rizada
- 2 tazas de hojas de espinaca tierna
- 2 tomates grandes
- 1/4 cabeza de repollo fresco
- 2 tallos de apio
- 2 cebollas verdes, cortadas
- 1 diente de ajo pequeño, pelado
- 1 cucharadita de sal
- Salsa picante, al gusto

Direcciones:

a) Procese la remolacha y las zanahorias a través de su exprimidor electrónico de acuerdo con las instrucciones del fabricante.

b) Agregue los pimientos, seguidos de la col rizada y las espinacas.

c) Agregue los tomates, el repollo y el apio.

d) Por último, agregue las cebollas y el ajo y la sal.

e) Batir bien el jugo para combinar, sazonar al gusto con salsa picante y servir con hielo para aumentar la hidratación.

99. Jugo de arándano

Ingredientes

- 2 cuartos de agua
- 8 tazas de arándanos frescos o congelados
- 1-1/2 tazas de azúcar
- 1/2 taza de jugo de limón
- 1/2 taza de jugo de naranja

Direcciones

a) En un horno holandés o una cacerola grande, hierva el agua y los arándanos. Reduzca el calor; cubra y cocine a fuego lento hasta que las bayas comiencen a explotar, 20 minutos.

b) Cuele a través de un colador fino, presionando la mezcla con una cuchara; descartar las bayas. Regrese el jugo de arándano a la sartén. Agregue el azúcar, el jugo de limón y el jugo de naranja. Llevar a ebullición; cocine y revuelva hasta que el azúcar se disuelva.

c) Retire del fuego. Frio. Transferir a una jarra; Cubrir y refrigerar hasta que se enfríe.

100. Jugo de granada

Ingredientes
- 5 a 6 granadas grandes

Direcciones:
a) Con un cuchillo de cocina, retire la parte de la granada que parece una corona. Me gusta inclinar mi cuchillo para pelar hacia abajo y hacer un círculo alrededor de la corona.
b) Marca la granada en secciones. Considero que anotar la fruta 4 veces es suficiente para mí, pero siéntete libre de calificarla unas cuantas veces más.
c) Abre la granada en secciones.
d) Llene un recipiente grande con agua fría. Rompe la granada debajo del agua. Ayuda a evitar que el jugo de granada se derrame por todas partes.
e) Escurre el agua de la granada cuando termines de separarla de la cáscara.
f) Vierta en una licuadora. Mezcle hasta que todos los arilos hayan sido triturados pero la mayoría de las semillas aún estén intactas. Por lo general, esto no toma más de 15 a 20 segundos.
g) Vierta el jugo a través de un colador. Notarás que el jugo pasa por el colador muy lentamente porque la pulpa es bastante espesa. Para acelerar el proceso, use una espátula de goma para presionar

la pulpa contra el colador. El jugo debe gotear más rápido.

h) Vierta el jugo en un vaso para servir. De 5 a 6 granadas grandes deberían producir alrededor de 4 tazas de jugo. El jugo sobrante se puede refrigerar en un frasco durante 5 a 6 días.

CONCLUSIÓN

¡Ahí tienes!

Todo lo que necesitas saber sobre los jugos. A estas alturas, ya está armado con la información que necesita para comenzar su propio viaje de jugos de manera segura y correcta. Como prometí al comienzo del libro, compartí con ustedes todo lo que aprendí y descubrí a lo largo de mi experiencia con los jugos. Comenzamos este libro electrónico definiendo qué son los jugos, respondimos la pregunta más importante relacionada con los jugos, discutimos los beneficios de los jugos e incluso aprendiste las cosas más importantes que debes tener en cuenta cuando comienzas a tomar jugos. El siguiente capítulo trataba sobre cómo encontrar el extractor de jugos perfecto. Aquí, aprendió todo sobre los diferentes tipos de exprimidores junto con todo el proceso de cómo encontrar el mejor.

CPSIA information can be obtained
at www.ICGtesting.com
Printed in the USA
LVHW081111170222
711295LV00003B/53